Spiegel Spiegel in der Hand
aus Gut wird Böse – ich habs erkannt.

Michel Müller

Entlarvende Analysen der Geschehnisse aus 2020, in vielen Kurzgeschichten aus unterschiedlichsten Perspektiven, beißend und voller Zynismus.

Für alle, die mutig genug sind, in die Abgründe des Seins zu blicken!

Die Kurzgeschichten können in beliebiger Reihenfolge gelesen werden, wem Mathematik nicht so liegt, der kann zum Beispiel mit Sozialkunde oder Kunst beginnen.

Setzen – sechs.

MICHEL MÜLLER

Totalversagen

Mathematik	nicht bestanden
Statistik	nicht bestanden
Biologie	nicht bestanden
Chemie	nicht bestanden
Physik	nicht bestanden
Religion	gefehlt
Werte & Normen	gefehlt
Kunst	nicht bestanden
Englisch	nicht bestanden
Deutsch	nicht bestanden
Nachplappern	bestanden
Wirtschaftskunde	gefehlt
Geschichte	nicht bestanden
Sozialkunde	nicht bestanden
Gehorrsam	bestanden
Geographie	nicht bestanden

Kleines Handbuch:

Die Selbstzerstörung einer Gesellschaft

 tredition®

1. Auflage

Umschlaggestaltung, Illustration: Michel Müller

Verlag und Druck: tredition GmbH, Halenreie 40-44, 22359 Hamburg

ISBN Taschenbuch: 978-3-347-24597-6

ISBN Hardcover: 978-3-347-24598-3

ISBN e-Book: 978-3-347-24599-0

Bibliografische Information der Deutschen Nationalbibliothek:

Die Deutsche Nationalbibliothek verzeichnet diese Publikation in der Deutschen Nationalbibliografie; detaillierte bibliografische Daten sind im Internet über http://dnb.d-nb.de abrufbar.

Inhalt

Kurzgeschichten: Die Schulfächer

7   Mathematik
9   Statistik
13   Biologie
18   Chemie
20   Physik
21   Religion
23   Werte & Normen
26   Kunst
27   Englisch
28   Deutsch
31   Nachplappern
32   Wirtschaftskunde
35   Geschichte
40   Sozialkunde
43   Gehorrsam
45   Geographie

Kurzgeschichten: Das Leben

46   Warum Frage
48   Verantwortung
49   Bürgerpflichten
50   Danksagung
52   Schlussbemerkungen

56   Empfehlungen
58   Register

Disclaimer

Gehorsam oder Gehorrsam? Die Interpretation des rr hat historischen Bezug und deshalb wurde das rr bewusst eingesetzt.

Das Studium dieser Lehrinhalte soll den Leser in die Lage versetzen, die Forschungsreise eigenständig zu vollenden.

Quellenhinweise erleichtern die weitere Recherche durch den Leser, wenn dies im einen oder anderen Feld gewünscht ist.

Ich schreibe in der old-school sogenannten männlichen Form, um die Lesbarkeit zu erhalten und um nicht mit Worthülsen von den eigentlichen Botschaften abzulenken.

Mathematik

Das Lieblingsfach von vielen Menschen.

Das ist zum Beispiel eine Parabel:

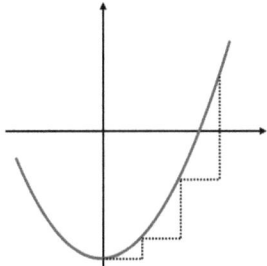

Hier eine Kurve mit exponentiellem Verlauf, wie wir sie aus dem Fernsehen kennen:

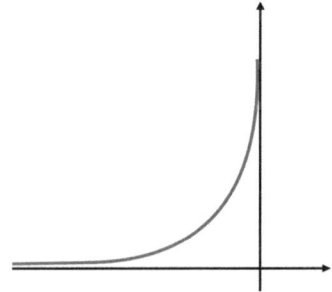

Aufgabe: Du kommst vom Auslandsurlaub nach Hause. Jetzt gibst Du jedem den Du triffst einen kleinen Zettel. Jeder, der einen Zettel bekommen hat, gibt jedem den er trifft auch einen kleinen Zettel. Jeder der einen Zettel hat, darf keinen weiteren Zettel

7

nehmen. Wieviele Leute trifft jemand nach 1 Woche, denen er einen Zettel geben kann? Wie verhält sich die Menge an Leuten mit Zettel zur Menge an Leuten ohne Zettel über den zeitlichen Verlauf? Gibt es einen exponentiellen Verlauf in der Verteilung der Zettel, wie in der Kurve oben? Welche Bedingungen braucht es für einen exponentiellen Verlauf? Wir erinnern uns, dass dieses Zeichen ∞ unendlich bedeutet. Ob man dann unendlich viele Menschen braucht und man nie die Zeit damit verschwenden darf, Menschen zu treffen, die schon einen Zettel haben?

Psst … Lösung

(Achtung, gilt nicht nur für die Übertragung von Zetteln):

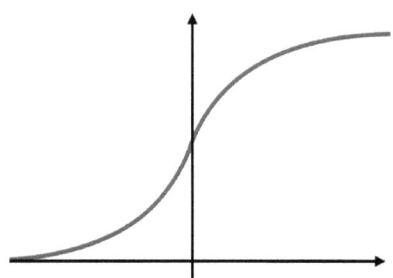

Statistik

Eine komplett ins Vergessen geratene Disziplin. Als das im Lehrplan stand, war gerade Grippewelle. Eine Addition, täglich vorgetragen, ergibt mit Sicherheit keine Statistik. Man muss sich mal vorstellen, wieviele Menschen seit Adam & Eva schon gestorben sind? Wie sieht diese Kurve wohl aus? Wäre das eine Statistik? Auf jeden Fall würde man unvorstellbar viele Nullen erkennen. Auch wenn es diese Kurve nicht gibt, so erkennt man die Nullen ja trotzdem. Zum Beispiel am und um das Dashboard herum. Heutzutage lieben wir Dashboards, denn sie nehmen uns das selber Denken ab.

Und genau da, wo es interessant wird, nämlich Vergleiche zu anderen Zeiträumen fehlen, oder das beinahe „Verschwinden" der „normalen" Grippe wird nicht im Zusammenhang betrachtet. Ich komme ganz durcheinander. Naja, was die sagen, wird schon stimmen.

Dann gibt es auch noch Umfragen, diese werden auch gerne mit Statistik verwechselt, denn das Ergebnis steht ja schon fest. Da kann passieren was will, die „Richtigen" gewinnen.

Irgendwie sind wir jetzt an einer Schnittmenge zur Mengenlehre angekommen. In jedem Land gibt es ja Rote, Grüne, Blaue, Gelbe, Rechte, Linke, gegen dies und gegen das. Die Statistik lehrt uns, dass es da Verteilungen gibt, also Mengen. Die ändern sich meist auch nicht von einem Tag auf den anderen. Dafür braucht es jahrelange Wahlkämpfe oder wie in den USA gute Wahl-Auszählungstaktik[1] (nicht mitbekommen?). Schauen wir uns also Deutschland an. Innerhalb weniger Monate haben wir unzählige Extremisten und Verfassungsfeinde dazu bekommen, die die Einhaltung der Grundrechte fordern. Jeden Tag werden diese Spinner mehr. Überall Maulwürfe für die Grundrechte, die man rauswerfen muss aus dem Job, denn diese haben ihre Grundrechte verwirkt. Ist doch klar. Wo kämen wir hin, wenn Grundrechte für jeden gelten, da muss es doch einfach staatliche oder mediale Grenzen geben, damit die Mengen eingehalten werden.

Gesellschaftliche Entwicklung in Deutschland, eine Gemengelage aus Mengen, Prozenten und Wahrscheinlichkeiten:

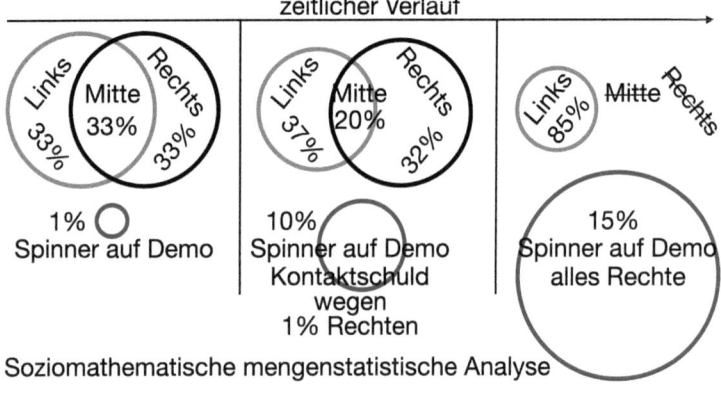

Soziomathematische mengenstatistische Analyse

Man könnte jetzt noch eine mediale Aufregungskurve ergänzen, dann wird es aber kompliziert und undurchschaubar. Ok-ok, Statistiken werden so gemacht, dass sie das zeigen, was sie zeigen sollen, irgendwie schon mal gehört und eigentlich nichts Neues, warum also die ganze Aufregung?

Ein weiteres interessantes Feld der Statistik ist die veröffentlichte und die kommunizierte Statistik:

Wir wissen ja aus den Ausführungen, Statistiken sind interessengeleitet. Es bedarf jedoch einer zusätzlichen Analyse des Phänomens der kommunizierten Statistik, wenn diese von der veröffentlichten Statistik abweicht.

Da hatte ich mir doch die Mühe gemacht, die RKI-Zahlen täglich in eine Excel-Datei zu schreiben, als es das Dashboard noch nicht gab, um alles zu verschleiern. Was mussten meine Augen und Ohren da feststellen? Da wird einfach was anderes erzählt, als man aus den Zahlen lesen kann, manches wird einfach nicht erzählt.

So weit so schön. Nur bin ich der EINZIGE auf der Welt, der die Zahlen und Aussagen abgleicht? In den Gesundheitsämtern macht das niemand?

Und dann diese Euromomo[2] Datenbank, von den Spinnern oft zitiert. Man sah auf den ersten Blick auf der Webseite den Verlauf der europäischen Todesfälle, über mehrere Jahre im Vergleich. Diese verliefen Anfang 2020 unauffällig (nationale Notlage). Was tun? Zwei Handlungsfelder boten sich an:

Erstens ändert man plötzlich die Darstellung, so dass man den Vergleich zu den Vorjahren nicht mehr sofort vorne erkennt. (Leider habe ich keinen Screenshot als Beweis, denn heute wird wieder eine mehrjährige Darstellung vorne gezeigt).

Zweitens gibt man einige Tage weniger Todesfälle ins System ein. Wahrscheinlich „war jemand im Urlaub" und die Kurve stieg in diesem Zeitraum nicht an sondern fällt ab, obwohl sie in allen gezeigten

Vorjahren zu dieser Zeit immer stark ansteigt (dicke schwarze Linie)), um dann die liegengebliebenen Todesfälle später alle auf einmal eingeben zu können. Zack geht es steil bergauf. Und zwar genau dann, wenn „Die Anstalt" eine Sendung dazu macht und diese Kurve zeigt. Volltreffer versenkt.

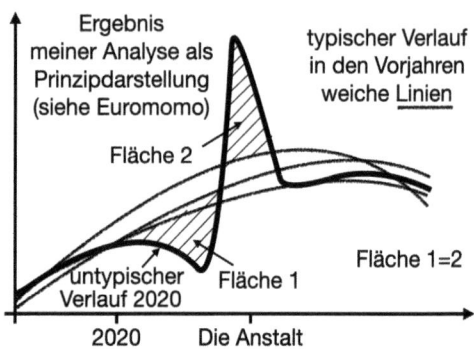

Schon cool, was man mit Statistiken und Kurven so alles machen kann. Heute sieht man eine Kurve mit Übersterblichkeit Ende 2020, die Winter-Grippewelle scheint einige Wochen früher einzusetzen. Dies tritt bei genauer Betrachtung nur lokal auf (z.B. England, aber nicht Schottland und Wales). Der Tod kennt aber keine Grenzen zwischen England, Schottland und Wales! Und weil wir es so lieben, schauen wir jeden Tag auf schöne Statistiken, statt aus dem Fenster zu den Menschen, die da lebend herumlaufen.

Nochmal: Bin ich der EINZIGE auf der Welt, der dies abgleicht? In den Gesundheitsämtern macht das niemand? Einfach mal **offizielle** Datenquellen recherchieren, so wie ich das gemacht habe. Ohne Worte.

Biologie

Sagen wir mal so: Wir sollen ja vom Affen abstammen. Also sind wir irgendwie Teil der Natur, auch wenn manche das manchmal vergessen. Zugegeben, die Evolutionstheorie steht nicht ganz alleine da. Spätestens seit die Quantenphysik uns lehrt, dass alle Materie durch Information ausserhalb von Raum und Zeit gesteuert wird. Aber hier ist ja nicht Physik oder Religion, sondern Biologie angesagt. Nehmen wir einfach an, wir sind Lebewesen mit Ähnlichkeiten zu anderen Lebewesen.

Unsere Sittiche dürfen wir ja nicht alleine halten, da sie sonst leiden und früh sterben. Die Affen im Zoo alleine halten? Auch die Ameise kommt alleine schlecht klar und, ja und … Scheint zum Überleben irgendwie eine Rolle zu spielen.

Für unsere Sittiche und Amphibien kaufen wir nur das Beste vom besten Futter. Artgerecht, damit sie schön gesund bleiben.

Wir würden dem Hamster oder dem Sittich auch nicht irgendwelche Masken umbinden, wie lange würde das wohl gut gehen, bis sie tot im Käfig liegen?

Wir wissen eigentlich genau, was gesund und was ungesund ist. Nur wir halten uns gerne mal für Maschinen, die über der Natur stehen. Stellschraube hier, Stellschraube da, alles läuft super.

Wenn uns eine Maske vor diesen allgegenwärtigen natürlichen Gefahren einen Vorteil geben würde, was hätte die Evolution uns dann wachsen lassen?

Beim Immunsystem wird es schon schwieriger mit unserem Know-How. Antibiotika werden gerne genommen, obwohl wir absolut keine Ahnung haben, welches was wie wo bewirkt. Und die Evolution mit der Abstammung vom Affen zeigt auch nicht gerade das ganze Spektrum unserer Abstammung auf. Zuerst waren da ja diese ganz kleinen Lebewesen, Millionen von Jahren war es total langweilig, bis dann endlich irgendwas wie eine Pflanze aussah und etwas sichtbares herumgeschwommen oder dann gekrochen ist. Viele kleine Viecher haben sich da zu größeren Kooperationen zusammengeschlossen, wurden Tiere. Also ein Affe ist nicht etwa einfach ein Affe, nein, er ist eine Ansammlung von Milliarden von kleinen Viechern. Wir demnach auch. Es sind 10x so viele Viecher als eigene Zellen!

Man nennt das was da mit uns in uns zusammenlebt das Mikrobiom[3]. Da geht in der Forschung zur Zeit die Post ab, immer neue Erkenntnisse. Diese Viecher leben nicht nur im Darm, um unser Essen zu verdauen, sie stellen Botenstoffe, Hormone etc. her. Seit kurzem weiß man, dass sie außen nicht nur auf der Haut wohnen (sie lieben bestimmt Desinfektionsmittel), sondern sie bilden eine Wolke um uns (Sprühflaschen lieben sie noch mehr). Oh wie schrecklich, da müssen wir dann ja beim Abstand auch die Windrichtung beachten. Falsch. Erinnern wir uns an die Sittiche. Das Mikrobiom ist Teil des Mikrobioms der Erde, des Ganzen (Religion, Physik). Wir tauschen damit lebenswichtige Informationen aus, die uns zum Menschen machen. Babies, die nicht per Kaiserschnitt geboren werden, sondern ganz eng heraus müssen, voll mit schmierigem Schleim und dann auf der Mutter liegen dürfen, bekommen quasi Teile des Mikrobioms der Mutter einmassiert. Besuchen diese Kinder dann regelmäßig den Bio-Bauernhof und spielen im „Dreck", also im Mikrobiom der Erde, bekommen sie noch weniger Krankheiten und Allergien und sind gesünder. Komisches Hygienekonzept.

Es gibt sogar die Theorie, dass die Tiere und Menschen die Rolle des Wirts für die seit Millionen von Jahren existierenden Viecher wie Bakterien und Pilze haben. Mit Sicherheit wollen die aller meisten sogenannten Krankheitserreger ihre Wirte nicht umbringen, denn dann fehlt der Wirt.

Die Mutation! Frankenstein! Gefährlich! Plötzlich taucht die Mutation auf! Also stimmte die erste Lüge ja doch, fehlende Übersterblichkeit hin oder her. Haben wir es doch gewußt, es muss was dran sein. Die Mutation bringt uns alle um. Die MUTANTEN greifen an! Sie explodieren! Haben wir nicht mal gelernt, dass Mutationen ein normaler evolutionärer Vorgang sind? Gäbe es Affen oder uns ohne Mutationen? Wobei man ja nie wissen kann, ob es nicht doch seltsame Mutationen in bestimmten Gehirnen gibt, denn so einige sind in Biologie doch recht schwach.

Und in den Gesundheitsämtern, was sagt ihr dazu?

Mutation = Tod?

Eigentlich wissen wir das alles.

Wir wissen auch schon seit Mitte 2020, dass die Behauptung, dass Kontaktübertragung[4] bei dieser prominenten Sache eine große Rolle spielt, offiziell (!) in Frage gestellt wurde. Was schließen wir daraus? In der Wolke aus Desinfektionsmitteln das Gehirn vernebelt und den Biologie-Test nicht bestanden.

Ich fasse für die Lernschwachen nochmal zusammen:

- Abstand und Isolation schadet dem Mikrobiom und damit dem Immunsystem

- Desinfektionsmittel schadet dem Mikrobiom und damit dem Immunsystem

- Masken … einfach mal den Beipackzettel lesen. Und das mit dem Totraumvolumen[5] (besonders bei Kindern), der CO_2-Rückatmung, dem Atemwiderstand[6], den Keimherden, den Glasfasersplittern etc. wird überbewertet. Stell dich nicht so an! Wenn ich das kann, dann kannst du das auch!

Unsere Gesundheit steht also im Vordergrund. Deshalb schreibt das RKI zu der prominentesten Sache der Welt auch nicht, wie man sich schützen könnte, außer mit einer mRNA-Spritze (die irreführenderweise Impfung genannt wird) und AHA+L[7].

Aha, merken die noch was? Alles was wir über Gesundheit, das Immunsystem und Handlungsmöglichkeiten wissen, ist verschwunden, weg, nicht mehr da. Ein riesiges schwarzes Loch! Wahrscheinlich gibt es irgendeine „Studie", die das z.T. tausende Jahre alte Erfahrungswissen als Aberglaube diffamiert. Komplementäre Medizin, Ernährung, Mikronährstoffe, Vitamine, Bewegung, frische Luft – unbekannt.

Ok, ich verstehe, diesmal ist alles ja ganz anders. Wie jedes Mal, wenn die Medien das hinaus posaunen. Gaaaaanz anders. Natur hat Pause. Man muss dringend das Selber-Denken durch Handeln ersetzen. Klar. Ich bin total überzeugt von pseudowissenschaftlichem Geschwafel und kruden Horrorvoraussagen, ohne jede breite gesellschaftlich basierte Analyse. Die heiligen drei Könige werden es schon richten. Ach nein, hier ist ja nicht Religion, hier ist ja ein naturwissenschaftliches Fach, wie komme ich da wieder raus?

Ob das wirklich alles so naturwissenschaftlich ist? Manchmal muss ich ja doch zweifeln. Erst kann man Test-Positiv, Test-Falschpositiv, Infektion, Symptome, Krank, Genesen und Tot nicht unterscheiden, dann nennt man das einfach „Fälle". Ein Ausweg für die, die sogar mit unserer Sprache Schwierigkeiten haben. Zum Glück werden das auch bald „Fälle", und zwar vor dem Gericht.

Chemie

Der Mensch als chemisches Subjekt. DNA, Protein, Fett etc.

Vergessen die Evolution, die Kooperation der Lebewesen in uns. Viele Milliarden.

Schnelltest, Antidingsbums-Test, PCR-Test, Scheuklappen-Test, Fokussierung auf winzige Details, um das große Ganze zu erklären.

Da ich Chemie in der Schule nicht mochte, sehe ich diese Lektion mehr philosophisch.

Körpereigene chemo-elektrische Prozesse ermöglichten mir, im Frühjahr 2020 die Webseite des RKI[8] zu lesen, ein führendes Institut im Bereich der Chemie. Dort stand damals doch tatsächlich, ganz prominent, dass der PCR-Test keine behördliche Zulassung für die Diagnose von Infektionen habe. Wie konnten die das übersehen? Schlimm, dass sie das nicht rechtzeitig gelöscht haben. Aber leider doch noch rechtzeitig genug, dass ich dann später keinen Screenshot mehr machen konnte.

Und auf der Seite des Patentamtes[9] konnte ich übrigens Patente zum PCR-Test finden und einen nicht ganz unbekannten Patent-Anmelder. Noch nie was von möglichen Interessenskonfliken gehört?

Die Recherchen dauerten 10 Minuten.

Damit eine chemische Reaktion funktioniert, müssen nicht nur die richtigen Zutaten da sein, sondern auch die richtigen Randbedingungen. Das kennen wir eigentlich. Sprich keine Krankheit ohne passenden

Wirt. Der Unterschied zwischen der Krankheit und dem Labortest ist, dass im Labor alles in bester Ordnung sein muss. Beim Menschen, damit er ein passender Wirt ist, muss alles in bester Unordnung sein. Das war schon immer so und ist keine Geheimwissenschaft (Vorerkrankungen, Mangel durch Krieg, Ernteausfälle, Hitze- oder Kältewellen, Hygienebedingungen wie im Mittelalter etc.).

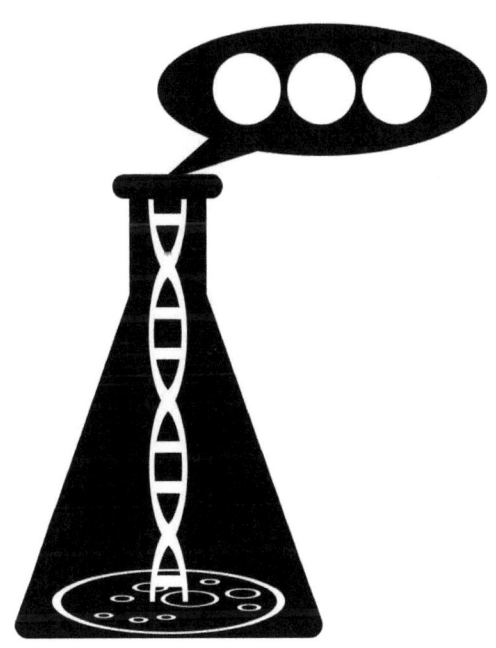

Physik

Hier gibt es eigentlich nur drei Punkte zu erwähnen:

1. Natürlicher und künstlicher Atemwiderstand. Wird im Fach Biologie behandelt.

2. Totraumvolumen. Wird im Fach Biologie behandelt.

3. Wundersame Verwandlung von Stahltürmen in Pulver[10].

Alles das was wir erleben, ist die Strafe für das Schweigen zu Punkt 3. Das war der finale Test wie man totalen physikalischen Unsinn als Wahrheit verkaufen kann und ob man damit durchkommt. Die völlige naturwissenschaftliche Dummheit von Politikern und das Totalversagen der „Wissenschaft" haben den Boden bereitet für die Verbreitung von Unsinn in den Medien in Form von „Glauben". Unser berühmter Physiker Albert Einstein hat auf einer Rede 1953 schon einen Hinweis gegeben, dass das eigentliche Problem von Gesellschaften ist, Übeltaten nicht zu ahnden. Jeder soll sich ein eigenes Bild machen.

Religion

Egal ob sich Menschen als religiös bezeichnen oder nicht, die meisten kennen die Phänomene (evidenzbasiert), dass man jemandem den Blick zuwendet und diese Person darauf reagiert. Die Medizin kennt auch Phänomene, dass mit Organtransplantationen auch persönliche Eigenschaften übertragen werden. Dinge die wir noch nicht verstehen, die aber passieren.

Wir wissen auch, dass die Gene die jemand hat, nicht alle aktiv sind, sondern quasi ein- und ausgeschaltet werden können. Hier spielt zum Beispiel die Ernährung, die Seele oder der Glauben eine Rolle. Rituale und Meditation können Veränderungen bewirken.

Religionen und Kirchen sind natürlich komplex und in diesem Büchlein nicht umfangreich erfassbar.

Der Trend zur Religion ist auf jeden Fall in der Gesellschaft erkennbar. Wenn jemand irgendwelche Fakten präsentiert, werden diese einfach als Meinung eingeordnet (die Erde ist doch eine Scheibe) und es wird ja auch sofort gecheckt, ob derjenige gläubig ist oder ein Heide ist (Leugner). Nur Gläubige dürfen sprechen, ist ja auch klar. Ich glaube an die heiligen drei Könige „Merkel, Drosten, Söder".

Wir sprechen das Virus Unser vor jedem Satz, der uns als Ketzer (Skeptiker) outen könnte: „Ich weiß, dass das Virus schwere Krankheiten hervorrufen kann", möchte aber trotzdem, dass diese oder jene Person eine würdige Beerdigung erfährt oder oder.

Im Christentum heißt es an prominentester Stelle: „Fürchtet euch nicht". Also lasst euch keine Angst einjagen und behaltet klaren Verstand. Denkt selbst! Das ist Erfahrungswissen aus alter Zeit und wohl selbst nicht verstanden worden, wie kann man sonst z.B. die Sterbenden so allein lassen?

Was ich jedoch noch über die Kirchen sagen will: Die Einrichtungen, die nah an den Menschen sind, sollten ein Ort sein, der positiv wahrgenommen wird, der den Menschen Trost und Halt gibt. In schweren Zeiten sind sie für einen da. Auch beim Weg aus dem Irdischen begleiten sie einen. In der Managersprache nennt man das Kernaufgaben und Kernkompetenzen. Kirchen haben seit jeher in gewisser Weise eine Parallelwelt zum Staat (oder was das Äquivalent war) dargestellt, ein permanentes Ringen um Einfluss. Eine Unterwerfung unter den Staat finde ich bemerkenswert und ich würde das mit dem Buchtitel in Zusammenhang bringen wollen. Wie anders ist es zu erklären, dass die Kernaufgaben einfach aufgegeben werden? Was ist das für eine Disziplin?

Kürzlich wurde die Bedeutung von Prophezeiungen erläutert, die ich jetzt erstmalig plausibel fand. Sie sei keine Vorhersage der Zukunft wie im Orakel mit dem Wurf von Knochen. Sie zeige Ereignis-Muster auf, die man wiedererkennen kann, um daraus Schlüsse für jetzt und die Zukunft ziehen zu können.

Summasummarum wurde hier eine Chance zur Sinnstiftung und „Kundengewinnung" vertan. Kirche auf Museumsbauten reduziert.

Werte & Normen

Die Allgemeine Erklärung der Menschenrechte aus der Generalversammlung der Vereinten Nationen[11]

„Artikel 1: Alle Menschen sind frei und gleich an Würde und Rechten geboren. Sie sind mit Vernunft und Gewissen begabt und sollen einander im Geiste der Brüderlichkeit begegnen.

Artikel 2: Jeder hat Anspruch auf alle in dieser Erklärung verkündeten Rechte und Freiheiten, ohne irgendeinen Unterschied, etwa nach Rasse, Hautfarbe, Geschlecht, Sprache, Religion, politischer oder sonstiger Anschauung, nationaler oder sozialer Herkunft, Vermögen, Geburt oder sonstigem Stand.

Des weiteren darf kein Unterschied gemacht werden auf Grund der politischen, rechtlichen oder internationalen Stellung des Landes oder Gebietes, dem eine Person angehört, gleichgültig ob dieses unabhängig ist, unter Treuhandschaft steht, keine Selbstregierung besitzt oder sonst in seiner Souveränität eingeschränkt ist.

Artikel 3: Jeder hat das Recht auf Leben, Freiheit und Sicherheit der Person.

Artikel 4: Niemand darf in Sklaverei oder Leibeigenschaft gehalten werden; Sklaverei und Sklavenhandel in allen ihren Formen sind verboten.

Artikel 5: Niemand darf der Folter oder grausamer, unmenschlicher oder erniedrigender Behandlung oder Strafe unterworfen werden.

Artikel 6: Jeder hat das Recht, überall als rechtsfähig

anerkannt zu werden.

Artikel 7: Alle Menschen sind vor dem Gesetz gleich und haben ohne Unterschied Anspruch auf gleichen Schutz durch das Gesetz. Alle haben Anspruch auf gleichen Schutz gegen jede Diskriminierung, die gegen diese Erklärung verstößt, und gegen jede Aufhetzung zu einer derartigen Diskriminierung.

Artikel 8: Jeder hat Anspruch auf einen wirksamen Rechtsbehelf bei den zuständigen innerstaatlichen Gerichten gegen Handlungen, durch die seine ihm nach der Verfassung oder nach dem Gesetz zustehenden Grundrechte verletzt werden.

Artikel 9: Niemand darf willkürlich festgenommen, in Haft gehalten oder des Landes verwiesen werden.

Artikel 10: Jeder hat bei der Feststellung seiner Rechte und Pflichten sowie bei einer gegen ihn erhobenen strafrechtlichen Beschuldigung in voller Gleichheit Anspruch auf ein gerechtes und öffentliches Verfahren vor einem unabhängigen und unparteiischen Gericht.

Artikel 11: 1. Jeder, der einer strafbaren Handlung beschuldigt wird, hat das Recht, als unschuldig zu gelten, solange seine Schuld nicht in einem öffentlichen Verfahren, in dem er alle für seine Verteidigung notwendigen Garantien gehabt hat, gemäß dem Gesetz nachgewiesen ist. 2. Niemand darf wegen einer Handlung oder Unterlassung verurteilt werden, die zur Zeit ihrer Begehung nach innerstaatlichem oder internationalem Recht nicht strafbar war. Ebenso darf keine schwerere Strafe als die zum Zeitpunkt der Begehung der strafbaren Handlung angedrohte Strafe verhängt werden.

Artikel 12: Niemand darf willkürlichen Eingriffen in

sein Privatleben, seine Familie, seine Wohnung und seinen Schriftverkehr oder Beeinträchtigungen seiner Ehre und seines Rufes ausgesetzt werden. Jeder hat Anspruch auf rechtlichen Schutz gegen solche Eingriffe oder Beeinträchtigungen.

Artikel 13: 1. Jeder hat das Recht, sich innerhalb eines Staates frei zu bewegen und seinen Aufenthaltsort frei zu wählen. 2. Jeder hat das Recht, jedes Land, einschließlich seines eigenen, zu verlassen und in sein Land zurückzukehren.

Artikel 14: 1. Jeder hat das Recht, in anderen Ländern vor Verfolgung Asyl zu suchen und zu genießen. 2. Dieses Recht kann nicht in Anspruch genommen werden im Falle einer Strafverfolgung, die tatsächlich auf Grund von Verbrechen nichtpolitischer Art oder auf Grund von Handlungen erfolgt, die gegen die Ziele und Grundsätze der Vereinten Nationen verstoßen.

und die weiteren Artikel hier … [11]

Die Verfasser wussten aus der Geschichte, dass Menschen vor Machthabern geschützt werden müssen. Sind sie gescheitert?

Die Regierung darf nur dann kollektives Handeln durchsetzen, wenn das der einzige Ausweg ist, der diese Gesellschaft vor einem Angriff / Unglück rettet. Sie muss dann genau begründen und neutrale Gremien einberufen. Die Regierung darf Grundrechte nur vereinzelt und temporär außer Kraft setzen.

Kunst

Kunst und Kultur. Wird überbewertet. Diese unendlich langweiligen Ausstellungen mit nichtssagenden Bildern, Konzerte die ich nicht mag. Braucht ja eh keiner. Also sollen die doch alle sehen wo sie bleiben.

TV-Berieselung etc. reicht doch völlig, wir sind eine große globale digitale Welt und 7 Milliarden Menschen sparen eine Menge Ressourcen, wenn sie alle das Gleiche vorgesetzt bekommen. Das rettet auch den Planeten!

Also liebe Kunstschaffende, macht was Anständiges oder Hartz4. Soll ja keiner unter die Räder kommen. Tröstet euch, nach dem Lockdown bekommen die anderen auch Hartz4, nennt sich dann Bürgergeld oder Grundeinkommen. Natürlich digital, damit ihr nur „zugelassene" Produkte, Kunst und Medikamente bezahlen könnt. Man nennt das heute Inklusion. Inklusiver Kapitalismus. OK, gehört jetzt nicht direkt in dieses Lehrfach, aber da nicht-staatliche Kunst völlig überflüssig ist, was soll man schreiben?

Ich schmeiße jetzt jedenfalls alles weg, was wir so an schönen Dingen gekauft haben, Musik wird gelöscht, bin quasi meine eigene Kulturrevolution, die mit den althergebrachten dekadenten Sitten Schluss macht. Die schicke Mao-Einheitskluft bestelle ich bei Amazon.

Ich frage mich, werde ich in der Kunst und Kultur noch Humor erleben? Glück und Liebe? Wie geht das zusammen mit einer Gesellschaft, die gespalten und betrogen wird, z.T. voller Hass? Wer heilt diese Wunden?

Englisch

Englisch ist gefährlich! Ich erlasse ein Verbot, englische Internetseiten oder Nachrichtenseiten zu „besuchen". Es besteht absolute Gefahr, andere Informationen zu bekommen, als von den deutschen Standard-Medien und Portalen. Stellt euch vor, ihr hört eine der vielen Reden von einem Präsidenten vollständig, in der er gegen Gewalt und zum Zusammenhalt aufruft, während der deutsche Kommentator jedesmal etwas anderes behauptet. Nein. Das führt nur zu Verwirrungen und da ist es besser, wenn man sein Schulenglisch schon wieder vergessen hat.

Auch die souveränen US-Amerikaner, die sich von ihrer Regierung nicht einfach vorschreiben lassen, was sie zu tun und zu lassen haben, sollte man nicht zu Gesicht bekommen.

Im Englischunterricht könnte man auch auf **Montagu Norman**[12] treffen. Er sprach vor der Bankiersvereinigung in New York 1924 (auf Englisch): „Durch die Aufspaltung der Wähler in das politische Parteiensystem können wir sie dazu bringen, ihre Energie für Kämpfe aufzubrauchen, für Fragen die keinerlei Bedeutung haben".

Englisch ist also eine schreckliche Sprache - Punkt.

Deutsch

Zitate, was für ein alter Kram. Warum befassen wir uns nicht mit aktuellen Themen? Weil sie aktuell sind. Sie bringen es auf den Punkt!

Anselm Feuerbach[13]: „Niemand urteilt schärfer als der Ungebildete. Er kennt weder Gründe noch Gegengründe und glaubt sich immer im Recht!"

Das ist genau unser Problem heute: Derjenige, der Wissen hat, wird durch die medial kreierten Meinungen der Masse isoliert.

J. W. Goethe[14], Dichter, Naturwissenschaftler und Staatsmann, über die Wahrheit: „Und denn, man muss das Wahre immer wiederholen, weil auch der Irrtum um uns her immer gepredigt wird, und zwar nicht von einzelnen, sondern von der Masse. In Zeitungen und Enzyklopädien, auf Schulen und Universitäten, überall ist der Irrtum oben auf, und es ist ihm wohl und behaglich, im Gefühl der Majorität, die auf seiner Seite ist." Hätten wir mal besser aufgepasst.

Das Phänomen ist also nicht neu, genau so erleben wir es und stehen hilflos davor. Unser Wissen hilft keinen Zentimeter weiter. Ich erinnere mich noch an meinen Deutsch Leistungskurs vor Jahrzehnten. Wir analysierten Bild und Spiegel im Vergleich. Was stellten wir fest? Der einzige Unterschied bestand im „intellektuellen" Layout und der „intellektuellen" Ausdrucksweise, das Ergebnis war bei beiden genauso richtig oder falsch oder manipulativ. Wir fanden sogar heraus, dass sie voneinander abschrieben. Es ist also durchaus falsch anzunehmen, dass der Spiegel erst seit Relotius[15] etc. „abgestürzt" ist, sondern die

Wahrnehmung der Leser wird schärfer, wie man an den Abo-Zahlen erkennt. Bei der Pressefreiheit ist auch die Frage, wessen Freiheit? Wem gehört sie? Dazu folgendes Zitat (meine Übersetzung): "In Amerika gibt es so etwas wie eine unabhängige Presse nicht, es sei denn, in den Städten in der Provinz. Ihr seid alle Sklaven. Ihr wisst es, und ich weiß es. Keiner von euch wagt es, eine ehrliche Meinung zu äußern. Wenn ihr sie äußern würdet, wüsstet ihr schon vorher, dass sie nie abgedruckt werden würde. Ich werde mit 150 Dollar dafür bezahlt, dass ich ehrliche Meinungen aus der Zeitung, mit der ich verbunden bin, heraushalte. Andere von euch erhalten ähnliche Gehälter dafür, dass sie ähnlich handeln. Wenn ich zulassen würde, dass ehrliche Meinungen in einer Ausgabe meiner Zeitung gedruckt werden, wäre ich innerhalb 24 Stunden wie Othello: Meinen Beruf wäre ich los. Derjenige, der so dumm wäre, ehrliche Meinungen zu schreiben, stünde auf der Straße und würde sich einen anderen Job suchen. Das Geschäft eines New Yorker Journalisten ist es, die Wahrheit zu verdrehen, offen zu lügen, zu verleumden, vor den Füßen des Mammons zu kriechen und Land und Leute für sein tägliches Brot zu verkaufen, oder für das, was ungefähr dasselbe ist - sein Gehalt. Sie wissen das, und ich weiß es, und was für eine Torheit, auf eine 'unabhängige Presse' anzustoßen! Wir sind die Werkzeuge und Vasallen der reichen Männer hinter den Kulissen. Wir sind Hampelmänner. Sie ziehen die Fäden und wir tanzen. Unsere Zeit, unsere Talente, unser Leben, unsere Möglichkeiten, all das ist das Eigentum anderer Männer. Wir sind intellektuelle Prostituierte." **John Swinton**[16], Chefredakteur der „New York Times", im Jahr 1883 bei seiner Verabschiedung.

Tagtäglich erleben wir die Spaltung durch die Medien, dabei müssen gerade sie es aus der Geschichte besser wissen:

Richard von Weizsäcker[17] hielt zum 40. Jahrestag des Endes des Zweiten Weltkrieges in Europa am 8. Mai 1985 im Deutschen Bundestag eine vielbeachtete Rede, aus der dieses Zitat entlehnt ist: „Die Bitte an die Menschen lautet: Lassen Sie sich nicht hineintreiben in Feindschaft und Hass gegen andere Menschen, gegen Russen oder Amerikaner, gegen Juden oder gegen Türken, gegen Alternative oder gegen Konservative, gegen Schwarz oder Weiß. Lernen Sie miteinander zu leben, nicht gegeneinander."

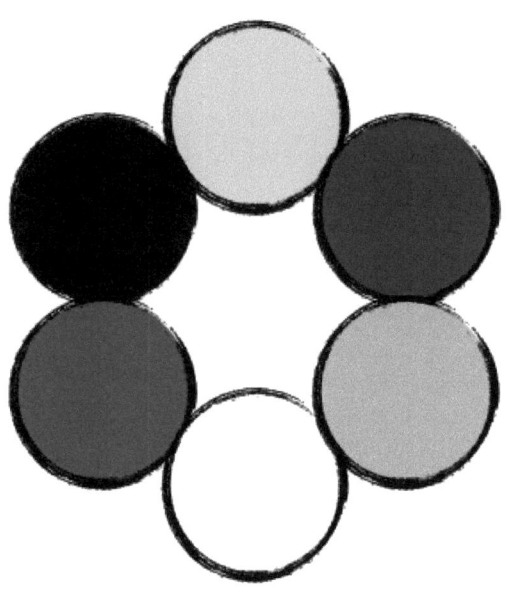

Nachplappern

... statt selber Denken. Kein Lehrfach im eigentlichen Sinn, aber sehr Karriere relevant. Erinnern wir uns an das Zitat von Goethe. Es lebt sich einfach bequemer in der Mehrheits-Wolke (Cloud) und tatsächlich sehen die Gesichter auch glücklicher aus. Wozu das bessere Wissen durchkämpfen, das man im einen oder anderen Feld womöglich hat, wozu sich exponieren, wenn es sich doch auch so gut leben lässt? Wieso die eigenen Bürgerpflichten ernst nehmen?

Was die Nachplapperer vergessen, sie begeben sich in eine Wolke, in einen Wolkenschleier, die Scheinwerfer reichen nur wenige Meter in der nebligen Nacht. Und plötzlich taucht im Dunkel das angeblich Unerwartete auf. Zack - vorbei mit der Bequemlichkeit und dazu noch unvorbereitet:

Wirtschaftskunde

Wirtschaftskrisen sind real. Auch wenn wir sie ignorieren und nichts darüber lesen, finden sie statt.

Zinsbasierte Geldsysteme (keine Sorge, dies ist nicht das Mathe-Kapitel) haben die Eigenschaft, regelmäßig zu kollabieren. Das könnte man eigentlich im Fach Geschichte behandeln. Alle 50 Jahre kommt es zum sogenannten Crash. Etwas vereinfacht: 1873, 1923 (Weimarer Republik im Niedergang), 1973 (Ende Goldstandard und Beginn Fiat-Geld), 2023 (heute?). Aber was geht uns das an? Sollen sich die Ökonomen damit befassen.

Da 1973 relativ unbemerkt am Normalbürger vorbeilief, leben wir in der Illusion, dass Geld einfach da ist und Waren einfach da sind und Steuern einfach gezahlt werden, somit für die Beamten alles in bester Ordnung ist. Nur finde die Fehler, bedenke auch die Preise:

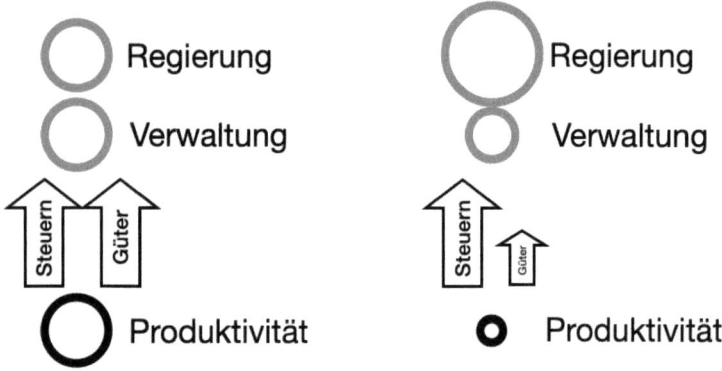

Die Geschichte zeigt, dass zum Ende des 50-Jahres-Zinseszins-Zyklus die Geldmenge der Superreichen exponentiell ansteigt und sie damit die Macht über die Regierungen erreichen und gemeinsam die Regierung/Macht ausdehnen[18]. Wir erinnern uns beim Zinssystem plus Fiat-Geld (Geldschöpfung durch Vergabe von Krediten) an dieses Zeichen: ∞

Große politische Umwälzungen sind mit diesen Zyklen verbunden.

Dies ist eine sehr vereinfachte Betrachtungsweise. Innerhalb dieser Mechanismen finden diverse, auch widerstrebende Machtinteressen, ihre Mittel und Wege, sich Vorteile zu verschaffen. Eigentlich kennen wir alles, aus Nachrichtenschnipseln, die niemals in den Zusammenhang gestellt werden.

Gut erkennbar ist aktuell, dass Privatvermögen und Unternehmensliquidität abgeschmolzen wird. Die Folge ist entweder das Verschwinden von der Bildfläche, die Übernahme durch einen finanziell aufgeblähten Konzern/Fonds etc. oder die Abhängigkeit durch die Notwendigkeit für Kreditaufnahme. Mittelstand bye bye und mit ihm das eigentliche Ziel: Die Genossenschaftsbanken und Sparkassen, das letzte Bollwerk gegen die Großfinanz, wegen der Kreditausfälle.

Die Nachkommen von Brutus, Nero und Co, sowie ihre Hintermänner sind immer noch aktiv. Machtblöcke USA, China, Russland, EU, Arabischer Raum etc. Wer mit wem was und warum? Globale Kontrolle wer was macht und wer was darf? Rohstoffimport durch „Demokratie"-Export. Spaltung der Gesellschaft, damit sie sich nicht auflehnt, in gute und böse Menschen. Fuck Grundrechte, schließlich haben wir ja den Staat, der auf uns aufpasst mit Geld, das es eigentlich nicht gibt. Ja sehr bequem, könnte doch immer so bleiben: Home-Office für mehr Gartenarbeit und die Versorgung übernimmt DHL auf ewig. Der Staat bezahlt.

Was kann ich schon machen? Gut, ich bin ja in der Gewerkschaft und da wird es Lohnausgleich etc. geben. Ich habe ja ein festes Einkommen, was soll mir schon passieren? Warum regen sich da diese Spinner so auf? Wohin fahren wir nach der Spritze in den Urlaub?

Geschichte

Bisher hat die Regierung es immer gut mit uns gemeint. Das Böse ist da draußen und wird bekämpft durch Bundeswehr und Regierung. Uns geht es besser als den Menschen in anderen Ländern und uns wurde eine Mutti „gefräimt", damit wir ihr voll vertrauen, wie süüüüß.

Dabei ist alles bekannt, liegt auf dem Tisch. Keine Theorie sondern Fakt. Auch wenn es nun nervig wird, aber wie war das mit dem Irak-Krieg und den Chemie-/Biowaffen[19]? Wurde irgendjemand zur Verantwortung gezogen? Hat jemand Sanktionen gegen die USA verhängt? Jetzt wird es unangenehm, oder?

Und Libyen, dem ehemals fortschrittlichsten afrikanischen Land? Wie geht es den Menschen heute und warum?

Assad[20], der Feind, hatte Auszeichnungen der französischen Fremdenlegion, die er dann nach den Angriffen durch die westliche Wertegemeinschaft zurückgegeben hat. Komisch, oder?

Hat man das Massaker im Stadion von Pristina in Jugoslawien[21] auch nachgewiesen? Nein. Wurde jemand zur Verantwortung gezogen?

Was macht eigentlich die Bundeswehr in Mali genau und warum?

Ich weiß, kompliziert und wer kennt schon die Wahrheit?

Aber: Diese Liste kann man endlos fortsetzen und man weiß oft sehr genau, **was nicht wahr ist**, auch wenn man die Wahrheit nicht kennt! Und man weiß, dass es Sanktionen nur gegen bestimmte Länder wie Nord Korea, Iran und noch ein paar gibt. Nicht aber gegen irgendjemanden der oben beteiligt war, dann sollte man gewarnt sein!

Sogar die Krim-Bewohner müssen unter Sanktionen leiden, obwohl sie ja gegen ihren Willen von Russland besetzt wurden. Warum sollte man das Opfer mit Sanktionen bestrafen? Oder war es vielleicht doch anders? Hatten sie eine Volksabstimmung? Ich gebe zu, das wird jetzt kompliziert, die Krim[22] wurde eben annektiert, wird schon stimmen, wenn „alle" das sagen und da muss es Sanktionen geben.

Schließlich geht es immer nach dem gleichen Muster, was sich ja nun auch langsam herumspricht, nämlich so, liegt auf dem Tisch und ist eigentlich leicht zu erkennen:

Lord Arthur Ponsonby[23] 1928:

- „Wir wollen den Krieg nicht.

- Das gegnerische Lager trägt die Verantwortung.

- Der Führer des Gegners hat dämonische Züge.

- Wir kämpfen für eine gute Sache.

- Der Gegner kämpft mit unerlaubten Waffen.

- Der Gegner begeht mit Absicht Grausamkeiten, bei uns handelt es sich um Irrtümer aus Versehen.

- Unsere Verluste sind gering, die des Gegners enorm.

- Angesehene Persönlichkeiten, Wissenschaftler,

Künstler und Intellektuelle unterstützen unsere Sache.

- Unsere Mission ist heilig.

- Wer unsere Berichterstattung in Zweifel zieht, steht auf der Seite des Gegners und ist ein Verräter".

Cicero[24] über den Verrat von innen: „Nur ein innerer Krieg ist noch vorhanden, im Inneren bestehen Nachstellungen, im Innern hat die Gefahr sich festgesetzt, im Innern ist der Feind. Mit der Üppigkeit, mit dem Wahnsinn, mit dem Verbrechen haben wir zu kämpfen. Für diesen Krieg, Quiriten, erkläre ich mich zum Anführer; ich nehme die Feindschaft dieser schlechten Menschen auf mich. Was noch zu heilen ist, will ich, so gut ich kann, heilen. Was ausgeschnitten werden muss, werde ich nicht zum Verderben des Staates weiter um sich greifen lassen." Schon Cicero hat es niedergeschrieben, dass uns die Gefahr von innen bedroht. Das erfolgt nicht nur in Form von Propaganda und Verwirrung, sondern auch durch Terror. Die Öffentlichkeit wird härtere Gesetze befürworten, und sich freiwillig unterwerfen.

Wir kennen die viel zitierte **Binsenweisheit**: Wir wissen, dass sie lügen. Sie wissen, dass sie lügen. Sie wissen, dass wir wissen, dass sie lügen. Wir wissen, dass sie wissen, dass wir wissen, dass sie lügen. Und trotzdem lügen sie weiter. Nur was ist die Erkenntnis daraus? Erkennen wir das im Alltag? Mit nichten sind wir dazu in der Lage. Der Mechanismus ist ganz einfach, den ganzen Tag laufen „Meldungen". Alles was wir hören und sehen, landet im Gehirn, ob wir es wollen oder nicht. Wir kennen das aus der Schule, ohne Pause lernen wir ab einem Zeitpunkt X nichts mehr. Die Aufnahmefähigkeit nimmt ab. Und so kommen eigentlich wichtige Informationen nicht mehr in unserem Gehirn an, während die Dauerwieder-holungen sich festsetzen.

Ja und dann unsere Meinung, die unumstößliche Meinung. Schließlich „kann ja nicht alles falsch sein" was man so hört. Und so warten wir nur auf die nächste Meldung, die unsere Meinung bestätigt. Und wir haben so viel zu tun, Krimi, Sportfernsehen, wann soll man sich da mal tiefer mit einem Thema befassen? Früher sagte man, wer einmal lügt, dem glaubt man nicht. Heute ist das komplett in Vergessenheit geraten. Hauptsache unsere Meinung wird bestätigt – Zack – Gehirn aus.

Und die Regierenden kennen die Mechanismen und gestalten auf diese Weise unsere Geschichte. Nichts ist zufällig!

Auf der Folgeseite ein Flugblatt vom **Neuen Forum** der DDR, die berühmte Bürgerrechtsbewegung 1989. Ich ersetze „das Wort Sozialismus" ergebnisoffen durch „unsere Politik", dann ist es top aktuell:

Wir treten aus unseren Rollen heraus.
Die Situation in unserem Land zwingt uns dazu. Ein Land, das
seine Jugend nicht halten kann, gefährdet seine Zukunft.
Eine Staatsführung, die mit ihrem Volk nicht spricht, ist
unglaubwürdig.
Eine Parteiführung, die ihre Prinzipien nicht mehr auf Brauch-
barkeit untersucht, ist zum Untergang verurteilt.
Ein Volk, das zur Sprachlosigkeit gezwungen wurde, fängt an,
gewalttätig zu werden.
Die Wahrheit muß an den Tag.
Unsere Arbeit steckt in diesem Land. Wir lassen uns das Land
nicht kaputt machen.
Wir nutzen unsere Tribüne, um zu fordern:
1. Wir haben ein Recht auf Information.
2. Wir haben ein Recht auf Dialog.
3. Wir haben ein Recht auf selbständiges Denken und auf
   Kreativität.
4. Wir haben ein Recht auf Pluralismus im Denken.
5. Wir haben ein Recht auf Widerspruch.
6. Wir haben ein Recht auf Reisefreiheit.
7. Wir haben ein Recht, unsere staatl. Leitungen zu überprüfen.
8. Wir haben ein Recht, neu zu denken.
9. Wir haben ein Recht, uns einzumischen.

Wir nutzen unsere Tribüne, um unsere Pflichten zu benennen:
1. Wir haben die Pflicht zu verlangen, daß Lüge und Schönfärberei
   aus unseren Medien verschwinden.
2. Wir haben die Pflicht, den Dialog zwischen Volk und Partei-
   und Staatsführung zu erzwingen.
3. Wir haben die Pflicht, von unserem Staatsapparat und von uns
   zu verlangen, den Dialog gewaltlos zu führen.
4. Wir haben die Pflicht, das Wort Sozialismus so zu definieren,
   daß dieser Begriff wieder ein annehmbares Lebensideals für
   unser Volk wird.
5. Wir haben die Pflicht, von unserer Staats- und Parteiführung
   zu verlangen, das Vertrauen zur Bevölkerung wiederherzustellen

Bürger!
Trage Dich in die Liste des Neuen Forums ein! Nimm an den abend-
lichen, friedlichen Demonstrationen teil!

Sozialkunde

Wenn ich mich recht erinnere, an alte Zeiten, dann geht es hier um den Menschen und das Gemeinwesen. Zumindest so ähnlich war es damals.

Wir haben ja gelernt, dass Sanktionen das Mittel der Wahl sind, um feindliche Regierungen oder solche mit Rohstoffen oder zu viel Geld, gefügig zu machen, unter den Schutzschirm des Westens zu bringen.

Sanktionen ist ein schönes Wort. Erinnert an den heiligen Sankt Martin oder ähnlich. Früher nannte man das Hungerblockade[25], was für ein hässliches Wort. Da sind doch tatsächlich in Deutschland damals Menschen verhungert, und zwar vieeeele. Nein, solche Assoziationen wollen wir nicht wecken. Wir sind ja eine nette und soziale Regierung und würden niemals die Syrer aushungern, nur z.B. Ersatzteile für landwirtschaftliche Maschinen etc. werden halt knapp. (Auch nicht ausbomben).

Verlassen wir die große Politik, kommen wir zum gemeinen Gemeinwesen. Fragen wir uns, was menschliches Leben eigentlich ist. Geht es darum, wie eine Amöbe einen Stoffwechsel in Betrieb zu halten, um etwas leisten zu können, wie eine Maschine? Ich denke Ja! Alles andere wird verboten und die Verbote werden begrüßt (laut offizieller Umfrage). Zumindest aber von vielen, die dieses Buch nicht kennen.

Wozu eine natürliche Geburt, natürliches Sterben mit den Angehörigen, Selbstbestimmung über die Gestaltung der letzten Monate oder Tage. Aushalten, dass das Leben endlich ist. Wir schalten das alles ab, damit sich eine Krankheit nicht „ausbreitet". Wir tauschen das Leben gegen das Überleben ohne Leben. Ok-ok, ist ja nur für eine Übergangszeit, und wenn alle alles richtig mitmachen, dann geht es bestimmt schneller. Komisch, schon Anfang 2020 war durchgesickert, dass das alles bis Mitte 2021 dauert, aber das ist für die Meisten in den Informationsfragmenten untergegangen.

Hat Sozialkunde etwas mit realen echten Menschen zu tun? Schauen wir aus dem Fenster statt ins Fernsehgerät. Was sehen wir? Leichenwagen? Oder verzweifelte Menschen?

Alle Errungenschaften und alles Wissen über den Menschen als soziales Wesen, haben wir über Bord geworfen. Wir betrachten uns als Überlebensmaschinen und vergessen, dass soziale Interaktion kein Luxus ist. Sie ist Teil des Lebens, Teil zur Gestaltung des Mikrobioms der Erde (Biologie-Kapitel) und konkret notwendig zum Überleben.

Die Kunde des **sozialen Entfernens**. Die Wortneuschöpfung „Social Distancing", wie auch der „Lockdown", der im Grunde das gleiche beschreibt, ist eine Neuerfindung des Jahres 2020. Nirgendwo auf der Welt gab es in den medizinischen Vorschriften und Notfallplänen etc. einen Lockdown. Soziales Entfernen gab es lokal und individuell, wenn jemand krank ist. Alles andere ist der Phantasie der selbsternannten Experten und Politiker entsprungen. Das Immunsystem muss immer trainiert werden (Biologie). Leute! Merkt mal was!

Manchmal verstehe ich die Gläubigen, denn es ist alles so unwirklich und man versucht im Inneren sein altes Leben zu finden und denkt, es gäbe keine Verbrechen, alles wird gut. Die vier fünf großen Presseagenturen. Ein paar Fotos, ein paar Schlagzeilen, eine Talkshow und ein Experte, schon sind alle zu Gläubigen mutiert. Immer die gleichen billigen Tricks, man gibt sich noch nicht mal Mühe, dass das alles zusammen passt.

Ich habe das Glück, dass ich Menschen kenne, die mit beiden Füßen auf dem Boden stehen und natürlich alle Ungereimtheiten erkennen und nennen. Was dahinter steckt, wird uns die Sozialkunde nicht lehren, aber dass sowohl Isolierung als auch billigste Propaganda Verwirrung schafft.

Der Mensch als Lebewesen muss seine Eigenschaften ausleben, sonst ist er entmenschlicht. Und dazu gehört Gemeinschaft, Dialog und Diskussion. Das kann man vom Fach Biologie nicht trennen, da man Körper und Geist nicht trennen kann.

Erich Fromm[26] schrieb u.a. die Bücher „Wege aus einer kranken Gesellschaft" und „Die Furcht vor der Freiheit". 1933 verließ er Deutschland. Wir sind innerhalb eines Jahres zu einer schwer kranken Gesellschaft geworden. Gesunde Menschen gelten als Gefahr. Die perfideste Propaganda zur Selbstzerstörung, die überhaupt denkbar ist.

Gehorrsam *)

Das Volk ist der die das Souverän!

Hahaha. Erstens muss man eine gemeinsame Definition von Volk haben und anwenden. Zweitens muss man wissen, was souverän sein eigentlich für einen selbst bedeutet.

Die Volk-Diskussion wird erfolgreich gegen uns geführt. Wahrscheinlich ist es ein Unwort des Jahres, wird mit Rassismus und Chauvinismus vermischt, um von der eigentlich wichtigen juristischen Perspektive abzulenken. Die Menschen, die ein Gebiet bewohnen, dürfen bestimmen. Man nennt das auch Völkerrecht oder Selbstbestimmungsrecht. Sie dürfen sich eine Regierungsform geben. Eine Verfassung. Alles nicht erwünscht wie es scheint.

Und souverän sein bedeutet für das Volk, dass es nicht gegenüber dem Staat zum Gehorrsam und zur Rechenschaft verpflichtet ist, sondern umgekehrt. Ja umgekehrt!

Wer souverän ist, steht zu seiner eigenen Meinung und hat keine Angst, sie kund zu tun. Ebenso wird er andere Meinungen zu hören bekommen. Man geht damit souverän um und kann seine Meinung auch ändern. Wenn die Regierung etwas will, muss sie das sauber begründen. Den Souverän, wenn wir ihn denn hätten, einbeziehen und befragen, statt 3 bis 4 „Experten" (Hohepriester) zu präsentieren, die dem Souveränfragment das Denken abnehmen.

*) rr bitte rollen

Otto von Bismarck[27] „Mut auf dem Schlachtfelde ist bei uns Gemeingut, aber Sie werden nicht selten finden, dass es ganz achtbaren Leuten an Zivilcourage fehlt".

Obrigkeitsdenken scheint bei uns besonders ausgeprägt und hindert uns, das Rechte zu tun. Polizisten, haben ein Remonstrationsrecht und auch die Pflicht dazu!

Geographie

Geographie bestimmt Geopolitik. Wo sind die Rohstoffe? Wo sind die Häfen? Wo sind die Seewege? Wo ist welches Wetter? Wo können welche Gesellschaften leben?

Wer aufgepasst hat weiß, dass Flüsse ihren Verlauf verändern konnten und Grönland Grünland bedeutet, also dass Besiedlung und Handelsrouten (Nord-Ost Passage) Veränderungen unterworfen sind. Die Natur verhindert also stabile Zustände von Gesellschaften. In früheren Jahrhunderten hat man auf die Veränderungen reagiert. Man musste Städte aufgeben und umziehen, wenn z.B. die Ernten ausblieben oder geraubt wurden, weil sie woanders ausblieben. Man nannte so etwas Hungersnot oder Völkerwanderung. Oder es kam dabei zu Seuchen.

Heute nutzen wir das Orakel der Wissenschaft, malen Kurven und reißen die Städte am liebsten im vorauseilenden Gehorrsam ab. Mit an Sicherheit grenzender Wahrscheinlichkeit haben die Menschen zu Zeiten der Völkerwanderung ihre Heimatstädte nicht auf Grund von Vorhersagen zurückgelassen oder verfallen lassen (man kannte sich ja schließlich mit dem Wetter, dem Boden, den Pflanzen, den Flüssen und den Handelsbeziehungen aus). Heute haben wir also ein neues Phänomen, das der Umerziehung mittels exponentieller graphischer Kurven als Orakel. Wir erinnern uns, der Wald ist in Deutschland ausgestorben, das Ozonloch[28], was ist eigentlich mit dem Ozonloch? Dabei wäre es doch heute hoch aktuell in der Diskussion. Slogans kommen, Slogans gehen. Wir prüfen ihre Worte nicht rückwirkend.

Warum-Frage

Warum ist die Banane krumm ?

Immer wieder werde ich gefragt, warum sollte jemand „so etwas" tun. Das ist eine gute Frage, aber leider die falsche Frage. Die richtige Frage ist, warum wird so etwas regelmäßig und überall getan. Diese Frage eröffnet den Blick in andere Richtungen. Beispiel: Warum gab es den 1. Weltkrieg? Viele Fachleute haben viele Details. Ein Prinz wurde getötet. Aha. Kriege werden über Jahre im Voraus vorbereitet, und zwar von beiden Seiten. Wäre das nicht so, wäre der Krieg in drei Tagen vorbei, der Vorbereitete übernimmt den Unvorbereiteten. Womöglich könnten die meisten Menschen damit leben. Aber nicht die Machthaber! Immer haben Sie für die Öffentlichkeit eine Lüge oder ein Attentat oder ähnliches parat. Die Dimension der Kriege ist unvorstellbar. Aus Kriegen scheint es auch niemals einen schnellen Ausweg zu geben. Materialverbrauch[29] und Schaden sind durchgeplant und fertig.

Was uns immer wieder „verkauft" wird ist dermaßen absurd, nach dem Prinzip, so plump werden die schon nicht sein, da muss ja was dran sein. Wenn die WHO als Privatorganisation Ländern einen Lockdown „vorschreibt", dann gibt es einen Lockdown. Wenn die WHO dann die Unsinnigkeit erkennt und keinen weiteren Lockdown[30] empfiehlt, was passiert dann? Ein weiterer „noch härterer" Lockdown. Hört die Signale!

Geht es um die Menschenrechte der Vielen? Um

Demokratie? Wie damals in den deutschen Hungerwintern mit Seeblockade, oder später in Libyen und im Irak? Schaut zurück. Fragt nicht warum, ihr werdet die wahre umfassende Antwort nie bekommen und es verhindert den Fokus auf das, was getan werden muss. Was jeder einzelne tun kann und muss.

00000000111110DIGITALER11111011WANDEL00
01000111011SPRACHLICHE111HINTERLIST0000
0001110101101WANDEL111ENTSTEHT111ORGA
NISCH111UND111KANN111POSITIV111WAHRGE
NOMMEN111WERDEN0000110101110001111VO
N111MÄCHTIGEN111ERZWUNGENE111VERÄND
ERUNG111IST111KEIN111WANDEL00011010001
0101010010101010101100010101010001010101010

Verantwortung

Fremdwort? Gilt jedenfalls nur für andere.

Wie soll man einen Diskurs zum Thema Verantwortung führen, wenn solche Zitate von Twitter gelöscht werden? Interessant ist der „Blick" im Zitat, denn man kann das auch auf die Macht der Bilder beziehen, die Blickrichtung umdrehen.

Heinrich Heine[31] „Der Deutsche gleicht dem Sklaven, der seinem Herrn gehorcht ohne Fessel, ohne Peitsche, durch das bloße Wort, ja durch einen Blick. Die Knechtschaft ist in ihm selbst, in seiner Seele; schlimmer als die materielle Sklaverei ist die spiritualisierte. Man muß die Deutschen von innen befreien, von außen hilft nichts."

Bürgerpflichten

Selber denken. These: Wer nicht selbst denkt, sollte keine Bürgerrechte haben.

Wer sich monatelang von Angst, Schlagzeilen, Tickermeldungen und Talkshows lenken lässt und freiwillig versklaven läßt, kann kein Bürger sein, denn er versteht nicht die Bedeutung, was ein Bürger ist, mit Pflichten und Rechten. Diese Menschen betrachten echte Bürger als Bedrohung.

Wer sich nicht selbst informiert und Recht durch Glauben (= politische Briefings) ersetzt, kann kein Bürger sein.

Wer dem RKI blind glaubt, kann kein Bürger sein.

Wer im vorauseilendem Gehorrsam andere gängelt, kann kein Bürger sein.

Wer wider besseren Wissens Befehle und Anordnungen ausführt, kann kein Bürger sein.

Wer die Wahrheit verschweigt oder verdreht, kann kein Bürger sein. Auch nicht wenn er aus „Fürsorge" verschweigt oder verdreht, denn der Bürger kann selber denken.

Ich schlage vor, dass man die Qualifikation zum Bürger nachweisen muss. Das erfordert kein Diplom oder Titel. Einfach nur gesunden Menschenverstand und Empathie.

Danksagung

Ich danke meiner Mutter. Sie ist Mitte 90 und sorgt sich darum, dass wir Kinder zu schwarz sehen. Sie schickte mir einen Brief mit dem Zitat von **Sokrates**[32] „Bedenke, dass die menschlichen Verhältnisse insgesamt unbeständig sind, dann wirst Du im Glück nicht zu fröhlich und im Unglück nicht zu traurig sein." Sie erkannte die Dramatik sofort, schließlich weiß sie noch genau, wie es 1933-1945 ablief. Sie gab mir einen Zeitungsausschnitt mit einem Hetzartikel über ihren Vater, der den Machthabern nicht wohl gesonnen war. Dort stand, dass man ihn diverser Ämter im Stadtrat enthoben habe und dass das eine Warnung an alle Ewiggestrigen sein soll. Zumindest muss man den „Journalisten" die damals „richtige Haltung" zugestehen und offene Worte, so dass man wusste, woran man ist. Nach 1945 wurde er von der Besatzungsmacht eingesetzt, Schulen neu aufzubauen. Er wurde auch vom zwischenzeitlich befreundeten Offizier der Besatzungsmacht um eine persönliche Stellungnahme gebeten, wie er und wie die Bevölkerung über die Nürnberger Prozesse denken. Auch diese Stellungnahme hatte meine Mutter noch und gab sie mir.

Als meine Mutter jung war, wollte sie immer das Jahr 2000 erleben. Jetzt wünscht sich meine Mutter noch so lange zu leben, dass sie sieht, dass wir klar kommen und sie die Schuldigen noch erfährt. Wenn man die entmenschlichte Behandlung erwachsener Leute in den Seniorenheimen erlebt, wie sie körperlich in 2020 abgebaut haben, macht mich das wütend ob der Hilflosigkeit. Meine Mutter ist jedoch so stark, sie schaut sich den Wahnsinn im Seniorenheim aus der

Beobachter-Perspektive an. Sie weiß um die Unvollkommenheit der Menschen um sie herum und macht ihnen keine Vorwürfe.

Ich danke meinem Vater für seine Haltung zum Leben und zum Beruf als Pflicht, die man gerne und anständig erfüllt.

Ich danke meiner Frau für ihre Liebe und Stärke. Seit der Ukraine-Krise haben wir uns von den Mainstream-Medien befreit und leben sehr gut damit. Wir sind tief in die Weltpolitik eingestiegen und führen fruchtbare Gespräche. Wir wussten 2020 von der ersten Sekunde an was kommt und sie hat zum Beispiel regelmäßig die Zahlen des RKI überprüft und die falschen Verlautbarungen der Politik entlarvt.

Ich danke allen, die selber denken, die versuchen, Zusammenhänge zu erkennen, Unschlüssiges zu entlarven und vor allem notwendiges Handeln daraus ableiten. Gestalten.

Ich danke denen, die demokratisch im Widerstand aktiv sind.

Ich danke allen, mit denen man offen diskutieren kann und die einen bereichern mit neuen Perspektiven.

Ich danke den Herausgebern dieses Buches.

Ich danke den Lesern dieses Buches, wenn sie es weiter verbreiten.

Schlussbemerkungen

Ich bin Kind aus einer „Beamtenfamilie". Mütterlicherseits waren die Berufe traditionell Lehrer, Pfarrer und Professoren. Väterlicherseits hohe Beamte in Behörden. Mein Vater war leitender Beamter. Ich kenne das Beamtentum als leidenschaftlich, diszipliniert und hart arbeitend. Alte Tugenden eben. Mein Vater hat im Krieg mit 17 Jahren während Bombenangriffen Dachstuhlbrände gelöscht, kurz darauf war er an der Ostfront eigesetzt, bis zum „Heimatschuss". Der Wiederaufbau hatte ihn geprägt, Wertschätzung gegenüber den Gestaltungsmöglichkeiten, die er nun hatte, nach den Erlebnissen im 3. Reich. Er war in der Sache durchaus unbequem zu den Vorgesetzten.

Heute schließe ich aus dem Verhalten ggü. verzweifelten Menschen, dass den Beamten das Erreichte zur Selbstverständlichkeit geworden ist. Die Suche nach dem rechten Weg, die eine fortwährende Aufgabe ist, ist aus dem Fokus geraten, und das, da sie die Verantwortung zur Umsetzung von Anordnungen/Befehlen tragen.

Dieses Phänomen und möglicherweise die Annahme, der Eid wäre gegenüber der Regierung statt den Mitbürgern geleistet, das sind m.E. leider die wesentlichen Faktoren zur „Selbstzerstörung unserer Gesellschaft", denn die Regierung ist dadurch nicht zum gesellschaftlichen Konsens gezwungen.

Wir stehen vor einer großen Herausforderung. Gefühlt haben sich große Teile der Gesellschaft, nämlich diejenigen mit einem „festen Einkommen", aus dem

Gesamtgefüge der Gesellschaft völlig entfernt, unfähig wirtschaftliche Zusammenhänge zu erkennen und die Auswirkungen von wirtschaftlicher Not, die auf sie zurückfallen wird. Dabei gibt es sogar in der Geschichte immer wieder Beispiele, wie man in die Hungergesellschaft abgeglitten ist. Die Politiker haben auch damals nicht gesagt, dass ihre Politik scheitern wird. Wenn das Insolvenzrecht ausgesetzt wird, müssen doch die Alarmglocken schrillen! Schon zu Jahresbeginn 2020 hat der Außenwirtschaftschef der Deutschen Industrie- und Handelskammer von 500.000 bis 800.000 Insolvenzen gesprochen[34], die auf uns zu rollen. Wie kann man da annehmen, auf Demonstrationen sind Spinner und Rechte? Wasserwerfer und Prügelkommandos! Quarantäneregimes!

Diese Ignoranz ist eigentlich unentschuldbar. Wie soll eine Gesellschaft weiter bestehen, in der ein Teil der Gesellschaft blind ist für die Not der Mitbürger und die Stimme nicht erhebt, während andere in den Abgrund stürzen? Wie soll daraus wieder ein funktionierendes Gemeinwesen entstehen?

Dann gibt es die, die wegsehen. Die bei Gewalt gegen Demonstranten nicht einschreiten. Ist das die Bürgerpflicht? Ist es nicht Verrat am Mitbürger, der auf seinen Schutz vertraut hat? Warum sehen sie weg? Was haben sie zu verlieren? Soll es immer so weiter gehen? Erhebt eure Stimme. Warum geht ihr nicht in den Streik? Man bekommt den Eindruck, die „Ordnungshüter" sägen den Steuer-Ast ab, auf dem sie sitzen?

Wo ist das Impfdashboard mit Nebenwirkungen von den Impfbefürwortern? Warum gehen sie nicht mit gutem Beispiel voran?

Ich weiß, dass es einen Weg geben muss, der die Gesellschaft heilt. Aber alles unter den Teppich kehren, da gehe ich nicht mit. Am Ende will es niemand gewesen sein. Keiner war dabei. Habe nur meinen Befehl ausgeführt. Das kann ja noch heiter werden.

Ein Gutes hat diese Krise: Die Konzern- und Staatsmedien haben sich „exposed". Feigenblatt-Beiträge können sie nicht mehr retten. Die Umwälzung wird nicht an ihnen vorbei gehen. Ich lebe schon 6 Jahre ohne sie und werde nichts vermissen. Wenn jemand wissen will, wie das geht, man müsse sich doch „informieren", antworte ich: Was sind das für „Informationen", wenn aus 1,3 Millionen[34] Demonstranten (plus/minus x, egal) plötzlich und offensichtlich koordiniert überall Meldungen über 20.000 Spinner werden und Bilder aus einer falschen Uhrzeit publiziert werden (Sonnenstand)? Ich habe es gesehen, als ich mit dem Miet-E-Scooter außen herum gefahren bin, alle Mitarbeiter der ausländischen Botschaften haben den Umzug gesehen, die Presse sowieso. War es die größte Demonstration, die es jemals gegeben hat? Ich denke schon! Das soll Information sein? Es ist ein Verbrechen! (Da müssen doch bei jedem Teilnehmer der Ordnungskräfte und bei den Medienmitarbeitern die Alarmglocken schrillen!) In den Müll der Geschichte mit dieser Art Informationen. Ausschalten!

Wie kann man sich informieren? Ich empfehle den Video-Beitrag „Medienkompetenz" von Dr. Ganser. Dort wird u.a. die Methode der Fragmentierung erläutert, wie sie funktioniert und Verwirrung erzeugt. Auch konkrete Falschmeldungen werden analysiert.

Ohne Wirtschaftsleben haben wir ja nun genug Zeit

uns das anzuhören, so lange es nicht gelöscht wurde.

Wir sehen, die Schule und das Leben haben uns eigentlich viel Brauchbares mitgegeben, um unseren Weg zu gehen, als souveräne Bürger, denen die Regierung dienen muss. Nun ist ja alles ganz schrecklich, was soll ich tun?

Nein, die Tatsache, dass man das Schreckliche erkennt bedeutet nicht, dass es plötzlich da ist und nun alles zu spät ist, der Politik-Virus ist uralt. Schon immer da, aber das ändert nichts daran, dass es auch schon immer Menschen gegeben hat, die unsere Welt lebenswert gestalten. Und die 99% Mehrheit will keine Intrigen und Zerstörung. Nutzen wir unseren Verstand, befreien wir uns von Massenindoktrination, lernen wir wieder individuell zu denken und individuelles Denken zu erlauben. Komplexität zeichnet uns aus, keine Patentrezepte von „Experten". Lernen wir Propaganda-Muster zu erkennen und misstrauisch zu sein.

So lange wir nicht an uns selber zweifeln oder uns verwirren lassen, können wir Lösungen und Wege erkennen.

Denkt selbst und fürchtet euch nicht!

Euer

Michel Müller

Empfehlungen des Autors:

Erbarme Dich[35]

Zahlenkompetenz [36]

Medienkompetenz[37]

Merk-Würdiges

Register

1 Wahlen

https://www.sidneypowell.com/evidence-of-foreign-interference

https://frankfurter-erklaerung.de/2020/11/unfassbares-ausmass-an-wahlfaelschung-und-wahlbetrug-in-den-usa/

https://deutsche-wirtschafts-nachrichten.de/507902/Wahlbetrug-US-Richter-laesst-Stimmenzaehl-Maschinen-in-Georgia-einfrieren

2 Europäische Datenbank von Sterbefällen

https://www.euromomo.eu/

<u>Wichtige Hinweise:</u> A. Es gibt einen Hinweis unter der ersten Grafik auf deren Webseite, der besagt u.a. (meine Übersetzung sinngemäß), … dass Adjustierungen für verspätete Registrierungen unpräzise sein können und … dass es Unterschiede gibt, in lokalen Verspätungen des Reportings. Was immer das genau bedeutet, das stützt meine These.

B. Beim Vergleichen von Grafiken bitte immer auf den Maßstab der senkrechten Achse achten. Dieser kann z.T. erheblich schwanken, besonders bei verschiedenen Altersgruppen, wodurch riesige Berge entstehen können, die aber im anderen Maßstab unsichtbar wären!

C. Der Vergleich einzelner Länder lässt erkennen, dass es Unterschiede geben muss, die nicht so einfach erklärbar sind mit „Hotspot", denn Viren machen keinen Unterschied, ob sie diesseits oder jenseits einer Grenze oder Stadtgrenze liegen. Es muss andere Zusatzfaktoren geben.

3 Mikrobiom

https://immunsystem-stärken.net/mikrobiom-gehirn-darm-immunsystem/

4 Studie der Universität Bonn: „Nur 3.36 Prozent aller Proben von Gegenständen wurden positiv getestet: eine Fernbedienung, zwei Türgriffe aus Metall sowie eine hölzerne Ofen-Abdeckung. Diese Studie stützt die Hypothese, dass indirekte

Umgebungsübertragungen nur eine untergeordnete Rolle spielen könnten. Die bedarf in zusätzlichen Studien der weiteren Klärung."

https://www.rnd.de/wissen/neue-studie-zu-oberflachen-infektiositat-virologe-streeck-uber-hausliche-infektionen-IQ53LDS2CNHT5I5556Y4FKOLIE.html

https://www.n-tv.de/wissen/Heinsberg-Studie-entraetselt-Coronavirus-article21704605.html

5 Totraum Atmung

https://de.wikipedia.org/wiki/Totraum_%28Atmung%29

6 Atemwiderstand / Atemnot

https://www.apotheken-umschau.de/atemnot

7 RKI FAQ

„Wie kann man sich bzw. seine Mitmenschen vor einer Ansteckung schützen?"

https://www.rki.de/SharedDocs/FAQ/NCOV2019/gesamt.html

Maßnahmen gegen COVID-19: „Zu den wichtigsten Maßnahmen in der Bevölkerung zählen Kontakte reduzieren, die AHA+L-Regeln beachten (Abstand halten, Hygiene beachten, Alltagsmasken in bestimmten Situationen tragen und lüften) und bei akuten Atemwegssymptomen zu Hause bleiben. Umfassende Informationen zu Verhaltensregeln und -empfehlungen zum Schutz vor COVID-19 stellt die Bundeszentrale für gesundheitliche Aufklärung (BZgA) bereit. Stand: 16.11.2020"

BZgA

https://www.infektionsschutz.de/coronavirus/wie-verhalte-ich-mich/in-zeiten-vieler-neuinfektionen.html

„Weniger Kontakte. Mehr Schutz. Kontakte beschränken: die aktuellen Corona-Regeln von Bund und Ländern.

Empfehlungen für Unternehmen. Die "Drei G" – drei Situationen mit erhöhtem Corona-Risiko. Merkblatt "Achten Sie auf die Drei G!"" (Geschlossenen Räume, Gedränge, Gruppen und Gespräche) Stand 16.11.2020

8 RKI: www.rki.de

9 Deutsches Patentamt Suchmaschine

https://depatisnet.dpma.de

10 Einsturz von Stahlgebäuden

http://ine.uaf.edu/wtc7

https://www.europhysicsnews.org/articles/epn/pdf/2016/04/epn20164 74p21.pdf

11 Vereinte Nationen, Erklärung der Menschenrechte, Stand 13. Dez. 2019

https://unric.org/de/allgemeine-erklaerung-menschenrechte/

12 Montagu Norman

1871 bis 1950, Gouverneur der Bank of England von 1920-1944

13 Anselm Friedrich Feuerbach

1829 bis 1880: "Ein Vermächtnis von Anselm Feuerbach." Herausgegeben von Henriette Feuerbach, Deutsche Buch-Gemeinschaft, Berlin: 1878, S. 271; Kurt Wolff Verlag, Leipzig: 1920

14 Goethe, J. W.

1749 bis 1832 „Gespräche. Mit Peter Eckermann" am 16. Dezember 1828

15 Relotius

https://www.welt.de/kultur/medien/article185988138/Fall-Claas-Relotius-Der-Spiegel-und-sein-Faelscher.html

16 John Swinton

1829 bis 1901 "There is no such a thing in America as an independent press, unless it is out in country towns. You are all slaves. You know it, and I know it. There is not one of you who dares to express an honest opinion. If you expressed it, you would know beforehand that it would never appear in print. I am paid $150 for keeping honest opinions out of the paper I am connected with. Others of you are paid similar salaries for doing similar things. If I should allow honest opinions to be printed in one issue of my paper, I would be like Othello before twenty-four hours: my occupation would be gone. The man who would be so foolish as to write honest opinions would be out on the street hunting for another job. The business of a New York journalist is to distort the truth, to lie outright, to pervert, to villify (sic!), to fawn at the feet of Mammons, and to sell his country and his race for his daily bread, or for what is about the same – his salary. You know this, and I know it; and what foolery to be toasting an 'Independent Press'! We are the tools and vassals of rich men behind the scenes. We are jumping-jacks. They pull the string and we dance. Our time, our talents, our lives, our possibilities, are all the property of other men. We are intellectual prostitutes."

17 Richard von Weizsäcker

1920 bis 2015. Er war von 1984 bis 1994 der sechste Bundespräsident der Bundesrepublik Deutschland.

18 Wirtschaftszyklen:

https://de.wikipedia.org/wiki/Kondratjew-Zyklus

https://www.glsbankstiftung.de/media/pdts/Huber_Vortrag.pdf

https://www.miningscout.de/blog/2016/05/18/die-6-zyklen-im-leben-des-geldes/

19 Colin Powell, geb. 1937

https://www.faz.net/aktuell/politik/europaeische-union/irak-krieg-powell-schandfleck-meiner-karriere-1255325.html

20 Assad, Präsident von Syrien

https://www.n-tv.de/politik/Assad-gibt-Auszeichnung-zurueck-article20395346.html

21 Massaker von Pristina 1999

https://www.friedenskooperative.de/friedensforum/artikel/es-begann-mit-einer-luege-kosovo

22 Krim

https://www.welt.de/geschichte/article125628675/Und-ploetzlich-gehoerte-die-Krim-zur-Ukraine.html

https://www.faz.net/aktuell/feuilleton/debatten/die-krim-und-das-voelkerrecht-kuehle-ironie-der-geschichte-12884464.html

23 Arthur Ponsonby

1. Baron Ponsonby of Shulbrede, Staatsbeamter, Politiker, Schriftsteller und Pazifist, 1871 bis 1946

24 Marcus Tullius Cicero:

"In Catilinam II" 2. Catilinarische Rede, 63 AD, Übersetzung nach C.N.v.Osiander, 1781 bis 1855

https://falschzitate.blogspot.com/2017/06/eine-nation-kann-ihre-narren-uberleben.html

25 Hungerblockade:

Lexikon der Völkermorde (1999) von Gunnar Heinsohn. Festgehalten wird dort, daß diese Blockade erst 1/2 Jahr nach Kriegsende im März 1919 gelockert wurde.

https://www.faz.net/aktuell/politik/historisches-e-paper/blockade-hungersnot-nach-dem-ersten-weltkrieg-16004062.html

26 Erich Fromm

Ein deutsch-US-amerikanischer Psychoanalytiker, Philosoph und Sozialpsychologe, 1900 bis 1980   https://fromm-online.org/

27 Otto von Bismarck

Wichtiger Politiker im Kaiserreich, 1815 bis 1898 https://www.dhm.de/lemo/biografie/otto-bismarck

28 Ozonloch

https://www.faz.net/aktuell/wirtschaft/menschen-wirtschaft/vergangenheit-abschied-vom-ozonloch-13094502.html

29 Beispiel 1. Weltkrieg

https://www.festungen.info/content/exkurs/erster-weltkrieg-1914-

1918/waffen-im-ersten-weltkrieg-1914-1918/

https://lui.vn/der-erste-weltkrieg-zahlen-und-fakten.html

30 WHO

https://www.euro.who.int/en/media-
centre/sections/statements/2020/statement-covid-19-taking-stock-
and-moving-forward-together

Und: Gab es einen wissenschaftlichen Nachweis über irgendeine
gesamtpositive Wirksamkeit eines Lockdowns oder nur Feigenblatt-
Blitz-Studien und mediale Statements?

31 Heinrich Heine

Dichter, Schriftsteller und Journalist, 1797 bis 1856

https://de.wikipedia.org/wiki/Heinrich_Heine

https://tapferimnirgendwo.com/2020/10/25/heinrich-heine-verstoesst-
gegen-twitters-gemeinschaftsstandards/

32 Sokrates

Griechischer Philosoph, 469 v. Chr. bis 399 v. Chr.

33 Volker Treier (DIHK) zur Lage bei Unternehmen im April 2020:

"Jeder fünfte Betrieb befürchtet Insolvenz"

https://www.youtube.com/watch?v=858BHDqVJlk

34 Beispiel:

Noch am 05.08.2020 im Seitenquelltext von „Presse Online" mit Sitz
im Haus der Bundespressekonferenz versteckt, obwohl nicht auf der
Webseite sichtbar:

="description" content="In Berlin haben rund 1.3 Millionen Menschen gegen die Corona-Beschränkungen protestiert- 16:45 Uhr, Polizei beendet die Veransta
="robots" content="index, follow"/>
="googlebot" content="index, follow, max-snippet:-1, max-image-preview:large, max-video-preview:-1"/>
="bingbot" content="index, follow, max-snippet:-1, max-image-preview:large, max-video-preview:-1"/>
="canonical" href="https://www.presse.online/2020/08/01/berlin-polizei-beendet-demo-gegen-corona-am-brandenburger-tor/"/>

haben rund 1.3 Millionen Menschen gegen die Cor

, max-snippet:-1, max-image-preview:large, max
max-snippet:-1, max-image-preview:large, max-v
se.online/2020/08/01/berlin-polizei-beendet-dem

Die **QR-Codes** verlinken zu

35 Matthäus Passion: „Erbarme dich" (Damien Guillon - Philippe Herreweghe), ein am 20.04.2011 online veröffentlichtes Konzert.

Ich habe dazu keine privaten oder kommerziellen Beziehungen oder Interessen, ich finde einfach, dass das Lied „Erbarme Dich" sehr gut zur Situation passt.

36 Buchtitel: „Das Einmaleins der Skepsis" - „Über den richtigen Umgang mit Zahlen"

Autor: Prof. Gerd Gigerenzer, Risikoforscher und Psychologe. Verlag Piper.

Ich habe dazu keine privaten oder kommerziellen Beziehungen oder Interessen, ich finde, dass auch dieses Buch perfekt zur Thematik passt.

37 Dr. Daniele Ganser, Schweizer Historiker: „Medienkompetenz" (Vortrag im Babylon Berlin am 23.10.2015), online veröffentlicht.

Ich habe dazu keine privaten oder kommerziellen Beziehungen oder Interessen, ich finde den Vortrag perfekt passend zur Thematik.